"运动即良药"系列

太极扇

主编

刘　静

科学出版社

北　京

内容简介

太极扇是一项以太极拳和扇舞技术为基础，融合了太极拳和舞蹈艺术造型动作的武术健身项目，通过太极拳与扇法的完美结合，表现出刚柔相济、势势相承、轻柔美健、形神兼备的特点。因其具有观赏性、艺术性、健身性，且易学易练、老少皆宜，因而受到群众的喜爱。

本套太极扇以中医呼吸吐纳、气血理论为指导，综合了杨式、陈式、孙式及吴式太极拳的特点，吸收了社会上较为流行的功夫扇和木兰扇套路风格及方法创编而成，重在促进习练者身心健康和培养其对中国传统太极文化的认知。

本书主要适用于大学生和中老年健身人群。

图书在版编目（CIP）数据

太极扇 / 刘静主编 . —北京：科学出版社，2018.8
（运动即良药系列）
ISBN 978-7-03-058485-4

Ⅰ. ①太… Ⅱ. ①刘… Ⅲ. ①器械术（武术）－基本知识－中国 Ⅳ. ① G852.2

中国版本图书馆 CIP 数据核字（2018）第 180034 号

责任编辑：朱 灵
责任印制：谭宏宇 / 封面设计：殷 靓

科 学 出 版 社 出版
北京东黄城根北街 16 号
邮政编码：100717
http://www.sciencep.com
苏州越洋印刷有限公司印刷
科学出版社发行 各地新华书店经销
*
2018 年 8 月第 一 版 开本：B5（720 × 1000）
2018 年 8 月第一次印刷 印张：4 ½
字数：65 000

定价：32.00 元

（如有印装质量问题，我社负责调换）

“运动即良药”系列编委会

《太极扇》
编写组

主　编

刘　静

副主编

袁永虹　卢爱华

编　委

（按姓氏笔画排序）

王怡元　牛聪伟　卢爱华　朱明泽

刘　思　刘　静　杜　凯　杨　青

张新月　袁永虹　郭润泽　黄友德

甄　彪

加强体育锻炼，惠及健康生活

（代序）

进入 21 世纪以来，人们日益关注的健康问题已经上升为国家战略。2016 年 10 月 25 日，中共中央、国务院发布了《“健康中国 2030”规划纲要》（以下简称《纲要》），这是今后 15 年推进健康中国建设的行动纲领，要求把健康融入所有政策，全方位、全周期保障人民健康，大幅提高健康水平。在《纲要》中，共 34 次提到“体育”这一关键词，这是因为体育运动与健康有着息息相关的内在联系。

“生命在于运动”，运动既是一门科学，也是一门艺术，更是一种健康的生活习惯，但并不是每一项运动都适合所有人，不同人群适宜的运动强度、运动时间也有所差异，不适宜的运动、运动不足或过度运动都有可能对健康造成损害。那么，究竟什么运动才适合自己？生了病也可以参加运动吗？

我们常说，“良药苦口利于病”，但并不是所有的疾病都只能咽下这苦不堪言的“良药”才能治愈，也不是咽下这口苦药就能药到病除。其实科学的运动处方也是一剂“良药”，而且还是一剂不用尝“苦”却具有显著效果的“良药”。那么，这“药方”该怎么开？我们自己能开吗？到底如何利用运动这剂“良药”来达到促进健康的目的呢？

要解决这些问题，当务之急是找到“合适的运动素材”，具体来说有两点：一是所选的项目和运动器材适合自己的年龄段；二是所选的运动对防治自己年龄段常见疾病有针对性和防治效果。

目前市面上有关体育锻炼的书籍虽然不少，但真正能够提供“合适的锻炼素材”的书籍仍比较缺乏。上海体育学院拥有许多具有较高科研水平和丰富教学经

验的专家，他们均长期从事运动促进健康方面的研究，经验丰富，硕果累累。此次，学院专家们与科学出版社共同打造了这套"运动即良药"系列。

在编写过程中，我们不断摸索、调整，为青少年学生、中青年白领、老年人等不同人群分别设计运动方案，也介绍了羽毛球、游泳、广场舞等人们可普遍参与的专项运动；在努力形成统一风格以便读者阅读的同时，也尝试使用新的可视技术为读者提供更加直观的指导。

我们希望通过这套图书，能够更好地发挥运动的功能，为广大读者打开一扇通往健康生活的阳光之门。由于多种因素的制约，本套图书可能还存在有待改进之处，我们希望能够得到大家的鼓励和有益的评论，也欢迎广大读者实践后向我们反馈意见和建议，帮助我们把此项工作做得更好。

陈佩杰

2016 年 10 月

前　言

中国传统体育运动方式——太极扇，融防身健身、修身养性、祛病延年于一体，并以其刚柔美健、舒展大方、行云流水般的风格得到大众的喜爱。太极扇兼具了太极拳技法和扇法的特点，适应男女老少健身养生和艺术表演的需要，近年来，普遍流行于学校、社区和公园，成为群众喜闻乐见的运动方式。

当今，健康问题受到世界各国的普遍关注，关系着国家的发展和民族的振兴，也是社会文明进步的标志。在我国，随着青少年体质下降和老龄化问题的凸显，国家提出各项政策与策略，提倡全民健身运动，推进全民健身服务体系的建立，保障了全民健身的科学化发展。在众多的体育健身项目中，太极扇融汇了中国传统文化的特点，追求天人合一、阴阳平衡和道法自然，适合中国人的文化价值观和文化追求；同时，在运动方式上刚柔并济、老少皆宜，并注重形、气和意的锻炼，起到身心协调、形神练养的作用，因而具有其独特的健身价值。

本书中太极扇套路动作的编写，基于社会上广为流行的太极功夫扇、木兰扇套路，重点突出太极拳的基本步型、步法、腿法、身法、手型、手法、眼法和基本扇法，以及身械的配合方法，其运动强度较为适中，动作难度适宜，整套动作速度较为均匀、缓慢，内容能够融合不同太极拳流派技术方法，可以作为初学者和技术进阶者的习练套路。本套太极扇在编创的过程中，注重体育健身价值，兼顾艺术观赏性，故对习练者的形态姿势、力量、平衡、柔韧、灵敏等综合素质均具有较好的锻炼作用。为了便于太极扇的规范化和科学化推广，避免不必要的损伤事故，本书编写中，除图示和动作说明外，增加了对基本技术和套路动作的注

意事项、练习步骤和易犯错误等内容，以进一步帮助初学者和技术进阶者建立正确动作概念和纠正错误动作，也可作为太极扇爱好者教学的参考资料。

本书在编写过程中，得到了上海体育学院武术学院和笔者研究团队的支持，在此，深表谢意。

主　编

目　录

第一章 太极扇运动

太极扇的风格特点

32 式太极扇动作是结合杨式、陈式太极拳基本动作和舞台扇法造型动作编创而成。其步型、步法、手法、身法动作合理，扇法多变、造型优美。其风格特点有以下几点。

一、刚柔相济

太极拳由于螺旋式的劲力要求，其动作一般由松开始，但是肌肉不能僵硬或软塌无力，要处处充满掤劲；然后由松入柔，呼吸和动作做到顺遂，不可使用拙力和僵劲；待到松沉自然之时，便到了积柔成刚阶段，“运劲如抽丝”，连而不断，如“绵里藏针”，达到“柔中寓刚”；“柔起劲，刚落点”，在劲力发放之后，立即放松，转而为柔，蓄发生变，方中有圆，做到“刚复归柔”。太极扇练习开始阶段，在单个扇法动作逐渐掌握的基础上，将放松的原则贯穿于运动的始终，保证各式动作的正确和衔接；久练纯熟，刚柔互运，虚实渗透，开合有致，方能达到刚柔相济。

二、势势相承

太极扇虽然由 32 个动作组成，但每个动作之间不可有断续，要求“一动无有不动”，“由脚而腿而腰，总须完整一气”。太极扇的每势动作须保持上下相随、节节贯穿。每势动作既要姿势正确，又要意气贯注；每势定式时须神气充足，在似停非停瞬间，引动下势之机，势与势之间的承接转换，不可有断续或停顿，既要保持动作的绵绵不断，又要做到气势和神意的连贯圆活。太极扇在起承转合的动作练习中，身械合一，身法和扇法协调一致，方可做到圆活无滞，达到形断气连，气断神连。

三、轻柔美健

太极扇在演练中要求动作轻灵、柔和、缓慢，动作在意识引导下不僵不滞、不徐不疾。“迈步如猫行”，步法轻灵沉着、虚实分明，动与动之间衔接柔和、饱满，不凹不凸；扇法动作在开合中，一张一弛，时而飘逸，时而沉着；周身劲力松弛有度，做到松而不懈、张而不紧，充分体现身法和扇法的协调一致。太极扇在创编中，结合了舞台造型动作，所以动作具有较强的观赏性。

四、呼吸自然

“以意行气”，做到“身动、心静、气敛、神舒”，太极扇演练时要求呼吸与动作自然结合，主张“气宜鼓荡”的腹式深呼吸。在一开一合、虚实转换中，随着动作轻灵、柔和、缓慢的运行，使呼吸逐渐做到细、长、深、缓、匀。

五、形神兼备

中国传统养生术强调“形正、气顺、神凝”。太极扇的身法要求“立身须中正安舒，支撑八面”，虚领顶劲、含胸拔背、沉肩坠肘、圆裆实腹，都是以太极拳为基础的太极扇对身形的规范。太极扇的轻灵、松沉、圆活，全凭腰、胯、胸部的运转，脊柱中正不偏，带动劲力的发放。“身备五弓”，“心静体松”，做到“外示安怡，内宜鼓荡”，太极扇不仅要求形的中正，同时注重心、意、神的锻炼，意识为主宰，贯注于势势转承开合，劲力的虚实蓄发，故“势断气连，气断意连，意断神犹连”的内外合一、形神兼备方能体现太极的最高境界。

太极扇的基本技术

一、握法

1. 合扇握法

拇指、中指、无名指、小指握扇，食指伸直贴于扇面。

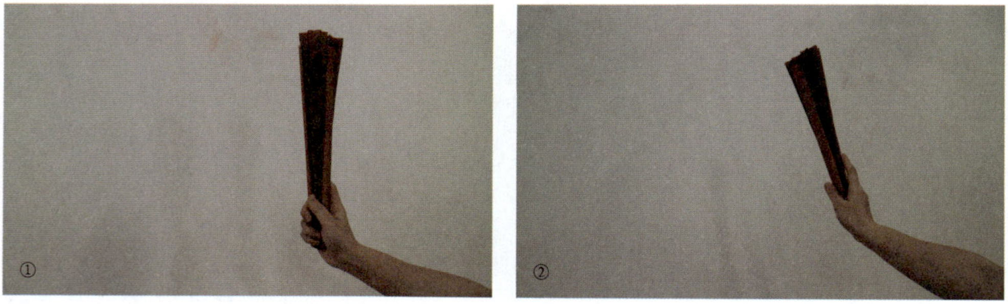

合扇握法

2. 开扇握法

（1）开扇握法一：拇指扣压在扇端和大扇骨上，其余四指压于另一面小扇骨上。

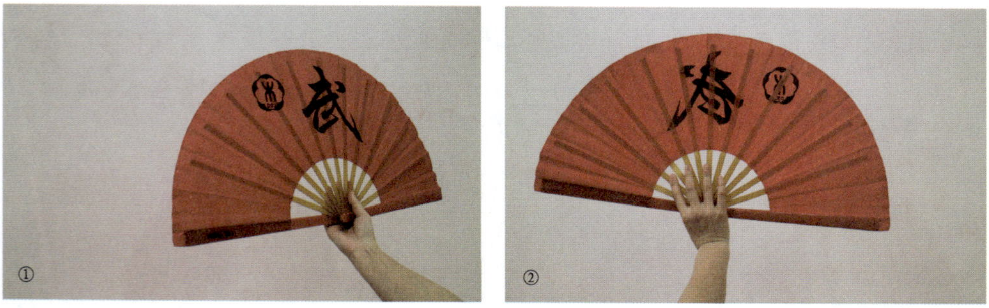

开扇握法一

(2) 开扇握法二：拇指扣压在扇端上，其余四指扣压在另一面扇端上。

开扇握法二

二、扇法

1. 开扇

甩腕至扇面开平，扇面要求平整不能折叠。

【注意事项】开扇是太极扇最基本的动作，需要明确抖腕的用力方法，扇要与身体和谐统一，以及开扇后扇顶的位置。

【练习步骤】先慢速学习平开扇，明确扇面、扇顶的位置，以及小扇骨与前臂的关系，再常速练习，强调抖腕的劲力方法和手眼的相互配合以及身法的要求；待平扇练习熟练后，再学练立扇开扇。

【易犯错误】甩动前臂开扇，不能合理运用抖腕的力量；开扇扇面不平整；不能做到身械合一；开扇时，手和眼配合不协调。

2. 合扇

甩腕至扇骨合拢，握于虎口中。

合扇

【注意事项】合扇时，注意肩、肘和腕关节，以及和身法的协调配合，手随腰动；关扇时，通过甩腕，迅速将扇合于虎口处，扇与手臂要成一直线。

【练习步骤】先慢速练习，明确扇子运行的路线和扇与手臂的关系；然后加快速度，强调甩腕的动作；待到熟练后，进行重复练习，强调身械合一。

【易犯错误】通过耸肩、提肘进行合扇，扇与手臂形成夹角，未能成一直线；不能以腰带动手臂运动，甩腕劲力不顺达。

3. 云扇

扇以腕关节为轴向内或向外转动。

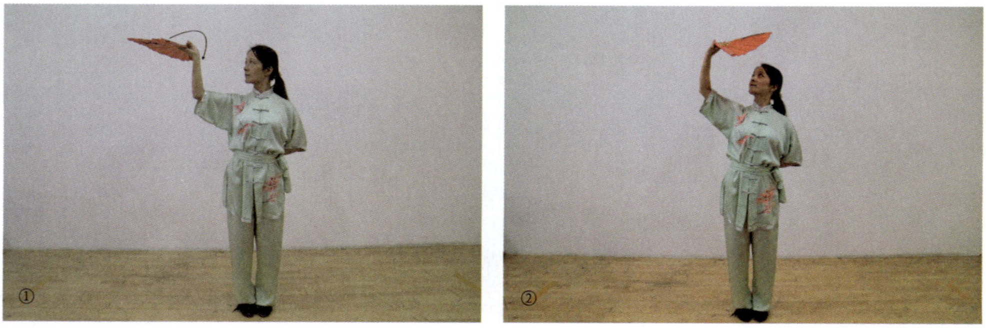

云扇

【注意事项】云扇时手握扇要松，不可紧握，尽力使扇面保持水平；运用手腕的旋转带动扇的运转；手臂弯曲，手与眼要协调配合。

【练习步骤】先慢速学习头上方云扇，明确扇子运行路线和手腕的旋转方法，然后进行常速练习；待熟练后，再变换方位进行胸前、头上方和胯前的云扇练习，并逐渐提出身法动作要求。

【易犯错误】握扇太紧，扇面明显不能保持水平；头上方云扇时，手臂僵直，扇与头顶距离太远，不能运用腕关节旋转的力量带动扇子运转；身法与云扇动作不协调。

4. 撩扇

合扇，大扇骨由后向前上方划弧，臂外旋。

【注意事项】手握扇，使扇在身体左右划立圆；要求以肩关节为轴，以腰的转动带动手臂动作；扇要求与手臂成一直线。

【练习步骤】先慢速练习一个方向的撩扇，明确扇顶的运行路线和方向变化，然后连贯练习；熟练后再练习另一方向的撩扇；配合身法进行撩扇练习，

撩扇

最后在练习中强调眼法。

【易犯错误】握扇在体侧划弧未成立圆；身法和撩扇动作不协调；身体左右晃动，出现耸肩提肘。

5. 推扇

立扇，扇面朝前，手臂由屈到伸推出。

推扇

6. 绞扇

开扇，以扇顶为轴逆时针向前划弧，扇面成水平。

绞扇

【注意事项】绞扇时，握扇的手、腕部要松活，绞扇要平缓、连贯；身法与绞扇动作要协调一致，连贯平稳。

【练习步骤】先徒手练习逆时针旋腕动作，然后持扇练习连续绞扇动作；待动作熟练后，可结合上步进行练习，强调动作平稳。

【易犯错误】手腕僵直，未能以腕带扇，出现手臂绕动动作；扇顶未走弧线，扇面出现明显上下摆动；身法与绞扇动作不协调。

7. 托扇

扇面朝上，由下向上托起，成水平。

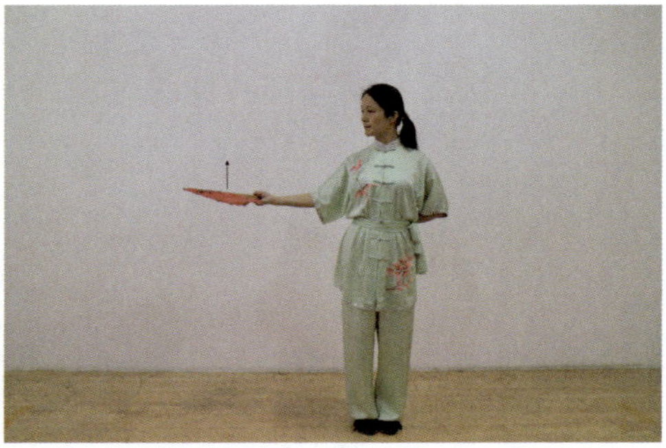

托扇

第二章
32 式太极扇

32 式太极扇套路名称

预备式
起势
第一式　白鹤亮翅
第二式　搂膝拗步
第三式　并步点扇
第四式　马步开扇
第五式　野马平刺扇
第六式　转身关扇
第七式　蹬脚歇步开扇
第八式　虚步撩扇
第九式　望月开扇
第十式　进步绞扇
第十一式　提膝刺扇
第十二式　虚步截扇
第十三式　插步开扇
第十四式　歇步抱扇
第十五式　虚步关扇
第十六式　马步开扇
第十七式　云手拨扇
第十八式　弓步掤扇
第十九式　弓步前挤
第二十式　歇步关扇
第二十一式　弓步开扇
第二十二式　穿梭抹架
第二十三式　提膝架扇
第二十四式　退步戳摆
第二十五式　打虎开扇
第二十六式　仆步下势
第二十七式　上步穿扇
第二十八式　震脚托按
第二十九式　蹬脚崩扇
第三十式　腾插架扇
第三十一式　马步开扇
第三十二式　云扇金刚捣捶
收势

32 式太极扇套路动作图解

武术动作图解小知识

武术动作图解是记录武术动作和套路的主要方法，一般由文字说明和插图两部分。文字说明叙述动作的详细过程和要领；插图描绘动作姿势和身体各部位（包括器械）的运动路线。

武术插图一般用实线（——→）或虚线（- - - -→）表示某部位下一个动作的行进路线，箭尾为起点，箭头为止点。本书的动作图解遵循“左虚右实”的原则，以实线表示右侧上肢（包括器械）和下肢的行进路线，以虚线表示左侧上肢（包括器械）和下肢的行进路线。

一、第一段

1. 预备式

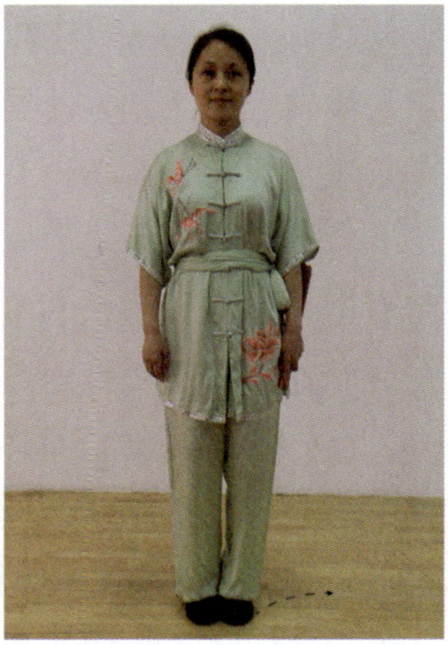

预备式

并步站立，两臂自然垂于体侧。左手持握扇根，扇顶朝上。目视前方。

【注意事项】头颈正直，身体自然放松。

2. 起势

（1）重心右移，左脚开步，同肩宽，随即重心移至两腿之间。两臂仍自然垂于体侧。目视前方。

（2）两掌边内旋边慢慢向前、向上平举，两臂自然伸直，肘微下垂，与肩同高，与肩同宽，掌心向下，扇骨贴于左前臂。目视前方。

（3）两腿慢慢屈膝下蹲成小马步；同时两掌弧形轻轻下按，落至两胯旁，掌心向下。

起势

【注意事项】开步时，要轻起轻落、点起点落。手臂徐徐平举时，扇要紧贴前臂，肩、肘松沉，手臂自然屈伸。屈膝下蹲时要收腹、敛臀、圆裆，两臂下落与身体下蹲要协调一致。

起势

【练习步骤】此势采用慢速分动作练习，按照开步 – 平举 – 下落三个动作进行练习，待每个动作熟练后，再进行完整练习。

【易犯错误】开步时虚实变化不清，不能做到点起点落；手臂平举，耸肩抬肘，手臂僵直；屈膝下蹲时，臀部外凸，上下不能协调一致。

3. 第一式　白鹤亮翅

（1）重心移至左脚，上体微左转，右脚后撤，前脚掌着地；随上体转，左手向左上划弧，掌心向下；同时，右掌边外旋边向左划弧至腹前，掌心向上，两掌心相对成抱球状。目视左掌方向。

白鹤亮翅

（2）上体右后转，重心后移至右脚，左脚脚跟微微提起；右掌向下经胯旁向右后上方划弧举至右肩外侧，掌心斜向上，与耳同高，肘微屈；同时左掌向左经面前，向下划弧至右前臂内侧，掌心斜向下。目视右掌方向。

（3）上体左转，身体面朝正前方，随体转，左脚微微内收，脚前掌点地，成左虚步；右掌继续上提于额前上方，掌心向左；同时左掌向左下划弧落于左胯前，掌心向后，扇顶朝上。目视前方。

白鹤亮翅

【注意事项】撤步抱球手臂在体前撑圆，坐身转体与分掌、回转移步与亮翅的协调配合，身体要轻灵，腰胯松沉，虚实分明，要一气呵成。

【练习步骤】先练习步法动作，待步法明确后，结合手臂动作进行完整练习。完整练习时，分动作慢速练习，熟练手脚之间的关系；最后进行完整连贯练习。

【易犯错误】撤步时，身体前倾；虚步重心不明确，手臂未能撑圆；上身不中正，出现弯腰或顶胯现象。

4. 第二式　搂膝拗步

搂膝拗步

（1）收脚托掌。上体渐左转，右掌微外旋边屈肘向左下划弧至左肩前。

（2）上体渐右转，左手边外旋边向右上划弧至面前，扇顶斜向下；同时，右掌接上势内旋向下、向右划弧至右胯旁，掌心向下。

（3）接上势，上体继续右转，左脚渐渐收至右脚内侧，脚掌轻轻点地；随上体转，右掌边外旋向右后上方划弧至右肩外侧，肘微屈，掌心斜向上，稍高于耳；同时左手向右、向下划弧至右前臂内侧，扇顶斜向下。目视右掌方向。

（4）弓步推掌。上体左转，重心渐前移；随上体转，左脚向左前方迈出一步，脚跟先轻轻着地，随重心前移，右腿自然蹬直，右脚跟外展，左脚踏实，脚尖向正前方，左腿屈膝前弓成左弓步；随上体转，左掌向下经左膝前划弧搂过，置于左胯旁，肘微屈，扇顶朝上；同时，右臂卷臂屈肘，右掌内旋经耳侧向前弧形推出，肘微屈，掌心斜向前，指尖斜向上，高与鼻平。目视前方。

收脚托掌

弓步推掌

【注意事项】随重心转换，两脚要虚实分明，左、右转体应以腰为轴，弓步两脚横距宜在 20 ~ 30 厘米，前膝不过脚尖，上体保持正直；推掌和后脚辗转后蹬要协调一致。

【练习步骤】先进行分解练习，按照上肢—下肢顺序进行练习；然后进行慢速分动作练习，明确上、下肢之间的关系；最后进行完整练习，逐渐到常速练习。

【易犯错误】身体僵直，出步时重心变化不清楚，推掌和后蹬动作不协调一致，弓步时上体前倾。

5. 第三式 并步点扇

（1）弓步穿扇。身体重心前移，右脚经左脚内侧向右前方（约45°）上步，随之重心前移成右弓步；同时，左手握扇经胸前向右前穿出至右腕上，掌心朝下。目视前方。

并步点扇

弓步穿扇

（2）收脚收手。身体重心前移，左脚收提至右脚内侧；同时，两手分别向左、右两侧划弧屈肘向下置于胯旁，掌心均朝下。目视前方。

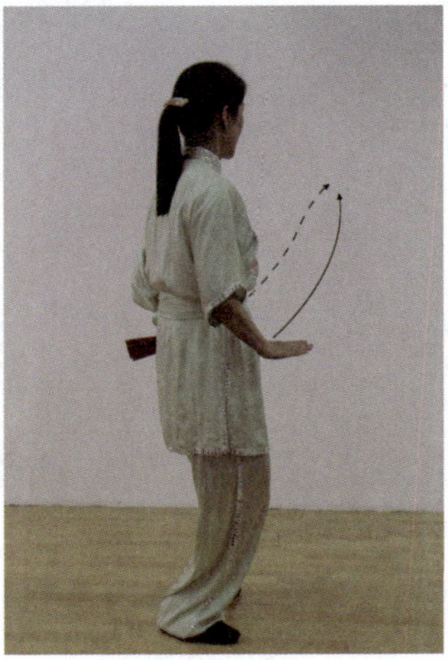

收脚收手

（3）弓步合手。身体微左转，左脚向左前方（约45°）上步，随之重心前移成左弓步；同时，两手侧分摆举，向前划弧于体前相合，右手在上，掌心斜向外，臂呈弧形，扇骨贴靠左前臂，扇顶斜向后，右手虎口对扇骨准备接扇。目视前方。

弓步合手

(4) 并步点扇。身体重心前移，右脚向左脚并步，屈膝半蹲；同时右手接握扇端，随以腕关节为轴，使扇顶由身体左后方经上向前划弧，至腕与胸高时，提腕使扇顶向前下方点扇；左手变掌附于右腕内侧。目视扇顶方向。

并步点扇

【注意事项】重心移动要平稳，上体保持正直；身体转动应以腰带动；换接扇动作要连贯，点扇时要提腕，力达扇顶。

【练习步骤】此势采用分解练习，先练上肢动作，重点明确换接扇和点扇方法，待熟练后，结合下肢动作进行分动作练习，明确虚实的变化和上下肢的关系，待每个动作熟练后，进行完整连贯练习，强调腰的带动和上、下肢的协调一致。

【易犯错误】重心移动时，上体起伏和前倾；换接扇时，动作停顿不连贯。

6. 第四式　马步开扇

身体重心移至左脚，右脚跟提起；同时，右手握扇沉腕外旋，掌心斜向上，扇顶顺势顺时针划半圆；左掌附于右前臂上，掌心斜向下。目视扇顶方向。

马步开扇

接上势，右脚向右后方撤步，脚前掌先着地，随之身体重心右移，左脚尖微内扣成马步，身体先右转，后微转，面朝东南 45°；同时右手握扇随转体向右上方摆起，扇顶斜朝后上方；随体微左转开扇；左掌微内旋向左、向下摆至左胯旁，掌指朝前；头左转。目视前方。

马步开扇

【注意事项】沉腕划弧，腕关节要松活，身体微向下松沉；开扇时，要运用抖腕的力量迅速开扇；马步上体中正，小扇骨要紧贴于前臂。

【练习步骤】先教上肢动作，重点练旋腕划弧和开扇动作；然后结合步法动作，进行分动作练习，待熟练后，进行完整连贯练习。

【易犯错误】提脚沉腕时，上体前倾，手腕僵硬，扇顶未走弧形；开扇时，手臂与扇分离，未贴于前臂；马步时臀部后凸。

7. 第五式　野马平刺扇

（1）虚步摆扇。身体左转 45°，重心移至左脚，右脚向前点地成右虚步；同时右手握扇外旋，手心向上，随转体摆至胸前，扇面朝上，左掌向上、向右划弧至于右腕上，掌心向下。目视前方。

野马平刺扇

虚步摆扇

（2）提膝托扇。接上势，左腿自然直立，右腿屈膝提起成左独立步；同时，两肘微屈，两手平托扇于胸前，腕同胸高。目视前方。

（3）蹬脚刺扇。左腿微屈后自然直立，两手托扇微向下、向里划弧后向前上刺出，腕同肩高，扇顶稍高于肩；同时，右脚以脚跟为力点，勾脚向前蹬出。目视扇顶方向。

提膝托扇

蹬脚刺扇

（4）落步前刺。右脚向前落步，随身体重心前移，右脚自然直立，左脚向后抬起，脚尖自然伸直；同时，两手托扇微向下、向里划弧后向前平刺。目视扇顶方向。

（5）跃步压扇。右脚蹬地，左脚前跃落地，右脚收于左脚内侧，脚尖不点地；同时，两手内旋屈肘向下、向外按于两胯旁，掌心向下。目视前方。

落步前刺

跃步压扇

（6）弓步刺扇。右脚向前上步成右弓步；同时，右手外旋握扇经腰间向前平刺，腕同胸高，掌心朝上；左掌内旋经左向上、向前划弧，臂呈弧形举于头左前上方，掌心斜向上。目视扇顶方向。

弓步刺扇

【注意事项】蹬脚刺扇，上体正直；落步前刺时，重心过渡要平稳；左脚跃步落地与右脚屈膝提起、两手回抽要协调一致；待右脚提起刹那站稳后，再向前上步，虚实分明，上体始终保持正直。

【练习步骤】本势采用分动作练习，待每个动作练习熟练后，再将前三个动作连贯进行练习；然后将六个动作完整连贯进行重复练习。

【易犯错误】蹬脚时，上体后仰；落步前刺，手臂动作不能顺势回带，身体过于前倾，重心不稳；跳步时，蹬地和重心转换不清。

8. 第六式　转身关扇

上体左转180°；重心后移，右脚尖内扣，随即重心右移，左脚跟微微提起，脚尖点地成左虚步；右手握扇随体转向左平带至体左侧，合扇于左掌虎口，扇顶朝左，左掌向下、向左划弧落于体左侧，虎口斜朝下；头左转。目视左前方。

转身关扇

转身关扇

【注意事项】应以腰为轴，腰的转动带动关扇动作，扇迅速合于虎口处；转身与关扇协调一致。

【练习步骤】建议采用完整练习方法。

9. 第七式 蹬脚歇步开扇

（1）前移蹬脚。接上势，重心前移至左腿支撑，左膝微屈，右脚以脚跟为力点，勾脚向前蹬出。目视前方。

前移蹬脚

蹬脚歇步开扇

（2）歇步开扇。上体左转 135°，右脚向前落步，脚跟着地，随即脚尖内扣，重心右移，左脚跟微微提起，脚跟微内扣；同时，两手握扇屈肘收于右腰侧。

（3）接上势，左脚向前方微前移，两腿屈膝下蹲成歇步；同时，右手向右、向下摆动，手臂伸直，抖腕开扇，扇顶斜向上，左手内旋向下、向左、向上划弧置于头左上方，掌心斜向上。

歇步开扇

【注意事项】蹬脚时，上体保持正直；转头亮相与开扇动作要协调一致；小扇骨紧贴前臂。

【练习步骤】采用分解教学，先练上肢动作，提示两手的配合；再结合下肢动作进行完整教与学，提示手随腰动，扣脚、摆脚要灵活自然。

【容易发生的错误】蹬脚时，上体后仰；转体不灵活，两手配合不协调。

二、第二段

1. 第八式　虚步撩扇

(1) 蹬起关扇。两脚蹬地，身体上起。右手关扇，由右向上、向左、向下划弧至左胯前，扇顶朝上；同时，左手向右、向下划弧合于右腕。目视前方。

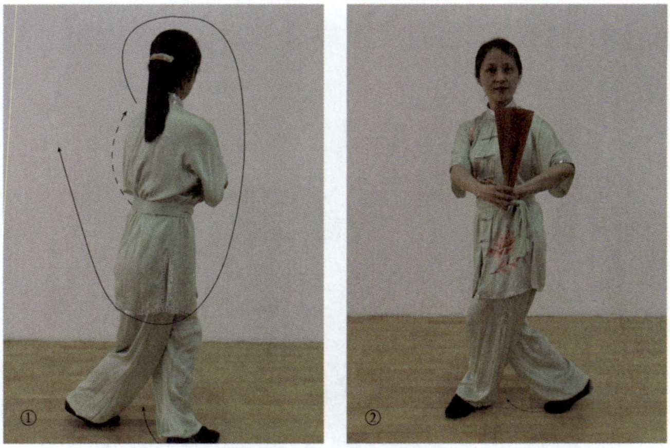

虚步撩扇

蹬起关扇

（2）转身撩扇。身体右转 135°，重心先移至右脚，两手向前、向上划弧。重心移至左脚，右脚稍向前点地；右手继续沿体右侧划弧撩扇至胸前，掌心向上；同时，左手沿体右侧向下、向上、向左划弧至头上方，掌心斜向上。目视扇顶方向。

转身撩扇

【注意事项】两手在体侧划弧，以手领肘、领肩，撩扇时，手臂要贴身走立圆，撩扇随上体左转、右脚向前点地要协调一致。

【练习步骤】先学练撩扇动作；然后进行分动作慢速教与学，再逐渐过渡到常速连贯练习。

【易犯错误】撩扇时，耸肩，手未贴身走立圆；撩扇、转身和右脚前点不协调，造成收到，身体转动过慢。

2. 第九式　望月开扇

身体微右转，重心前移，右腿独立支撑，左腿屈膝向后上方抬起，脚掌朝上，高与臀平。两手由上向内、向下划弧经腹前向体两侧摆起，左手顺势上摆至额前上方，掌心斜向上；右手摆至与肩同高，立扇开扇，扇顶朝上。目视扇顶方向。

望月开扇

望月开扇

【注意事项】两手划弧沿身体划立圆，拧腰、抬腿、摆头与开扇要协调一致。

【练习步骤】先练习拧腰、抖腕、摆头与开扇动作，然后再结合后抬腿做完整练习。

【易犯错误】左右晃动，站立不稳；动作上下不协调；身体过于前倾。

3. 第十式　进步绞扇

（1）转身上步。上体微左转，左脚向左前45°上步，脚跟着地，左臂自然下落，与右臂呈一直线，掌心向下；右手握扇微内旋，掌心斜向下。目视前方。

进步绞扇

转身上步

（2）勾踢穿扇。身体微左转，重心左移，左腿支撑膝微屈；右脚尖勾起，由后向前上方擦地勾踢。同时，右手握扇屈肘向下经右胯旁向前上方穿出，扇顶向前上方；左手上抬架至头上方，手心斜向上。目视扇顶方向。

勾踢穿扇

（3）上步绞扇。右脚向前上步，重心前移；同时，右手握扇外旋沉腕绞扇；左手向下、向左划弧侧举，同肩高，掌心向外，指尖向前，臂呈弧形。目视前方。

接上势，左脚向前摆脚上步，重心前移；同时，右手握扇逆时针再次绞扇，左手动作不变。目视前方。

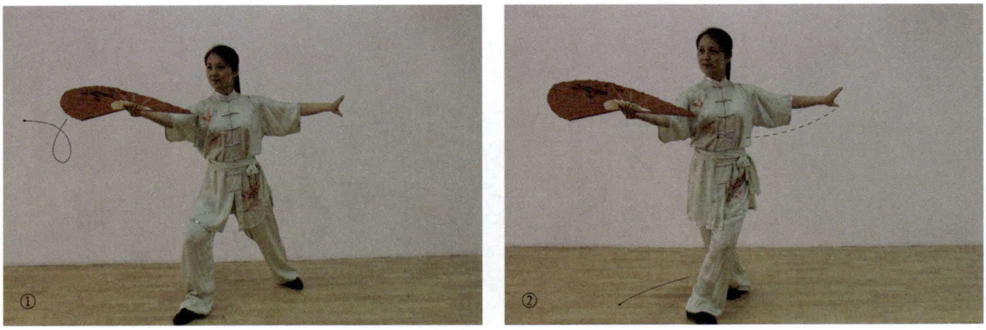

上步绞扇

（4）弓步关扇。右脚向前上步成右弓步；同时，右手握扇继续绞扇前送；左手向前合扇于左扇骨侧。目视扇顶方向。

弓步关扇

【注意事项】勾踢与穿扇要协调一致，用力顺达；绞扇时，握扇的手，腕部要松活，绞扇要平缓、连贯；上步，两腿要屈膝、身体平稳，不要起伏；上步与绞扇协调一致。

【练习步骤】先分解教学，学习步法动作，然后练习穿扇和绞扇动作；待熟练后，进行分动作练习：转身上步勾踢穿扇—上步绞扇—弓步关扇；最后进行常速连贯练习。

【易犯错误】绞扇时手腕僵硬，扇面上下起伏较大；上步动作重心上下起伏、虚实不清；上下动作不协调。

4. 第十一式 提膝刺扇

（1）后坐回带。重心后移，上体略左转，左腿屈膝半蹲；右膝微屈，脚跟着地；同时，右手握扇屈肘回带至左腹前，掌心向上，左手掌附于扇骨上。目视前方。

提膝刺扇

后坐回带

（2）提膝刺扇。重心前移，身体略右转，右腿自然直立，左腿屈膝提起成右独立步；同时，右手握扇向前上方刺出，掌心向上；左手掌附于右臂内侧。目视扇顶方向。

提膝刺扇

【注意事项】提膝动作，上体保持稳定，右脚五指抓地。

【练习步骤】分动练习到常速连贯练习。

5. 第十二式　虚步截扇

（1）落步带扇。右腿屈膝半蹲；左脚向左落步，脚跟着地，上体略左转；同时，右手握扇，随体转屈肘外旋，向左上方带扇，掌心向里，腕同头高，扇顶朝右；左手向下、向左划弧至左胯旁，掌心斜向下。目视右侧。

虚步截扇

落步带扇

（2）虚步下截。随重心左移，左脚踏实，屈膝半蹲，上体右转，右脚向左移半步，脚尖点地成右虚步；同时，右手握扇，随转体略向左带，向右下方截扇至右胯旁，扇顶朝左前下方，与膝同高；左臂呈弧形，举至头左侧上方，掌心斜向上。目视右侧。

虚步下截

【注意事项】步法动作要虚实分明，右手握扇松活自然。

【练习步骤】本势先采用慢速分动教学，明确步法的变化；然后进行常速连贯练习。

6. 第十三式　插步开扇

插步开扇

（1）转身摆扇。右脚向前上步，脚跟着地，脚尖外展；同时，两手合于腹前，右手掌心向上，左手置于右腕上，掌心向下。随重心前移，上体右转，右脚踏实，右腿屈膝，左腿伸直，脚跟提起，微外展；同时，右手持扇向右平斩，左手手臂内旋，向右、向上划弧至左额前上方，掌心斜向上。目视扇尖。

转身摆扇

（2）移步合抱。左脚向前迈步，身体重心左移，右脚收提于左脚内侧，同时，两臂向内划弧合抱于胸前，左掌在上，掌心向下，右手握扇置于腹前，手心斜向上，扇顶朝斜下方。目视左前方。

移步合抱

（3）开步摆扇。上体右转，右脚向右上步，身体重心右移，右腿屈膝；同时，两手向两侧摆臂，右手持扇，掌心向上，稍高于肩，左手稍低于肩，掌心向下。目视扇顶方向。

开步摆扇

（4）插步开扇。上体微左转，重心左移，两手臂随转体屈肘合于面前，左手置于右手腕上，右手握扇掌心向上；上体微右转，身体重心右移，左脚经右脚向右撤步成插步，同时，右手持扇，手腕顺时针旋绕后，向下、向右划弧开扇，左臂向左上方摆举，高于头平，掌心向前。目视右后方。

插步开扇

【注意事项】转身后插步与旋腕开扇要协调一致。

【练习步骤】本势主要采用分动作练习，重点强调身法与扇法的协调配合。

【易犯错误】转腰与旋腕、插步与开扇不协调；后插步时，上体过于前倾。

7. 第十四式　歇步抱扇

（1）转身云扇。身体向左转 90°，左手屈肘背于腰后，右手随体转在额头上方云扇。

转身云扇

歇步抱扇

(2) 歇步抱扇。身体继续向左转动 270°，两腿屈膝下蹲成歇步；左手向左、向上摆至体左侧，掌心向下，与肩同高，右手握扇，随体转继续外旋向右、向下、向左落至左胯旁，与左手合抱，掌心向上。目视左手方向。

歇步抱扇

【注意事项】扇置于头顶上方云扇，肘关节微屈，以腕关节带动。扇面尽量保持水平；抱扇时，两掌心相对。

【练习步骤】采用分解教学，先练云扇动作，待熟练后结合下肢动作进行完整练习。

【易犯错误】云扇时手臂过直，以手臂带动；歇步动作不稳。

8. 第十五式　虚步关扇

(1) 上步推扇。两腿蹬地，身体立起，身体右转 90°，右手托扇，随体转向右平抹，高于肩平，左手落于右腕处，掌心向下；右脚向右上步，脚跟着地。

(2) 接上势，上体继续微右转，右脚踏实，重心右移，左脚收至右脚内侧，脚前掌着地；同时，右手握扇，向右平云半圈，屈肘呈立扇向前推扇，左手置于右腕处。目视右手方向。

上步推扇

(3) 虚步关扇。上体微右转，左脚向左后方撤步，重心随之后移至左脚，右脚向右前方上步，脚跟着地；同时，左手向下、向左、向上划弧至左额前上方，掌心斜向上，右手握扇，随体转向下、向左、向右上方关扇，腕同肩高。目视扇顶方向。

虚步关扇

虚步关扇

【注意事项】向右平抹扇时，手随腰动；推扇时，立扇，肘关节微屈；步法移动时，虚实要清；关扇时，扇与手臂成一直线。

【练习步骤】本势采用分动教学法，按照上步平云扇—丁步推扇—虚步关扇进行慢速教与学，待每个动作熟练后，再常速连贯练习。

【容易发生的错误】平云扇与转腰动作不协调；步法移动和转化与扇法动作不统一。

9. 第十六式 马步开扇

（1）后举腿架扇。重心前移，右脚踏实，左脚经右脚前盖步，同时，两手臂内旋向下向内交叉于腹前；接上势，上体微左转，左腿直立，右腿屈膝后抬；同时，右手持扇内旋向右上方架起，扇顶朝左后方，左手立掌向上、向左摆动至体左侧，腕同肩高。目视左掌方向。

马步开扇

后举腿架扇

（2）并步点扇。上体微右转，右脚向前上步，重心前移，左脚收至右脚内侧，脚尖点地；同时，右手持扇向前下方点扇，左手附于右腕处，目视前下方。

并步点扇

（3）马步开扇。上体微向右转，左脚向左后方撤步，身体重心后移，右脚跟提起；同时，右手持扇屈肘于右腰侧，扇顶朝上，左手附于右腕处。目视右前方。

（4）接上势，上体微左转，左脚蹬地，身体重心前移，右脚向右前方上步成马步；同时右手持扇向右前方开扇，左手顺势拨扇，向下收在腹前，目视扇顶方向。

马步开扇

【注意事项】单腿支撑时，支撑腿五趾抓地，保持平稳，同时上体要拧转；开扇动作与上步成马步要协调一致。

【练习步骤】采用分动作慢速教与学，然后逐渐过渡到常速练习。

【易犯错误】后举腿动作不稳，上体倾斜；开扇动作用力不顺达，与马步动作协调。

三、第三段

1. 第十七式　云手拨扇

（1）插步云手。上体微左转，重心移至左腿，右脚经左脚后插步；同时，左手内旋向左、向上划弧至左肩前，腕同肩高，掌心向外，右手握扇外旋向下、向左划弧至腹前，扇顶朝斜上方。目视左前方。

云手拨扇

（2）撤步拨扇。上体微右转，身体重心移至右脚，左脚向左撤步；同时，右手握扇内旋向右、向上摆至右肩侧，腕同肩高，扇面朝前，左手外旋向下向右摆至腹前。目平扇顶方向。

插步云手

撤步拔扇

（3）插步云手。上体微左转，重心左移，左腿屈膝，右脚经左脚后插步；右手握扇外旋向下、向左拨扇至腹前，立扇，扇顶斜向上，左手内旋向左、向上划弧至左肩前，腕同肩高，掌心向外。目视左前方。

插步云手

【注意事项】云手动作要圆活，手随腰动；步法变化要平稳，虚实分明。

【练习步骤】采用分解教学，先教上肢动作，然后结合步法动作做完整练习。

【易犯错误】手未随腰动，不能做到弧线运行；步法虚实变化不清，上体未能保持中正。

2. 第十八式　弓步掤扇

(1) 插步翻扇。上体微右转，右手内旋，右腕微向右云转翻扇至扇面朝下，左手顺势合于右腕处，掌心向下。

插步翻扇

弓步掤扇

(2) 上步合抱。上体向右转 180°，重心移至左脚，右脚向右前方上步，脚跟着地；同时，右手握扇外旋至扇面朝上，左手向上摆动，与右手合抱于体前，掌心向下。目视左前方。

上步合抱

（3）弓步掤扇。上体微右转，重心前移成右弓步，左腿自然蹬直；同时，右手握扇微内旋向右上方掤出，扇面斜向上，左手向左下方摆至左胯旁，掌指向前，掌心向下。目视右手方向。

弓步掤扇

【注意事项】旋腕翻扇与转腰动作要协调，动作幅度不宜过大；上步抱扇，手臂呈弧形；弓步掤扇时，上体保持中正。

【练习步骤】采用分动作慢速教与学，然后逐渐过渡到常速练习。

【易犯错误】旋腕翻扇动作较僵硬，无腰部运转；转身上步，臀部后凸，手臂微呈弧形。

3. 第十九式 弓步前挤

（1）后坐下捋。上体左转，重心后移，左腿屈膝；同时，右手握扇内旋、左手外旋向左下方划弧线下捋至腹前；右手继续外旋，扇面斜向下，左手向左后上方摆动，腕同肩高，掌心斜向上。目视左后方。

弓步前挤

后坐下捋

（2）弓步前挤。上体右转，右手握扇外旋向上提至胸前，扇面向内，左臂屈肘，左手收至右腕内侧；随重心前移，右腿屈膝，左腿自然伸直，同时两臂向前挤出。目视前方。

弓步前挤

【注意事项】下捋和前挤，须转腰屈胯，手臂沿弧线运行。

【练习步骤】采用分动作慢速练习，待每个动作路线方法明确后，然后进行常速练习。

【易犯错误】下捋未能以腰为轴，出现夹腋；前挤时，未做到转腰屈胯后坐，然后向前挤出。

4. 第二十式　歇步关扇

（1）上步托扇。重心前移，左脚向前上步，脚尖点地；同时右臂外旋托扇，扇面向上，扇顶向前；上体微左转，重心移至左脚，右脚跟提起，同时，左手向下经体侧向后摆起，与肩同高，掌心向上。目视前方。

歇步关扇

上步托扇

（2）后坐下按。上体微右转，重心后移，左脚跟提起；同时，右手握扇内旋下按至腹前，肘微屈，左手内旋由后向上摆至头上方，掌心斜向上方。目视前方。

后坐下按

（3）歇步关扇。上体微左转，两腿弯曲下蹲成歇步；同时右手握扇外旋由内向外合扇，掌心向上，扇顶向斜下方。目视前下方。

歇步关扇

【注意事项】扇法和虚实的变化要协调一致。

【练习步骤】本势可采用连贯完整教与学，进行重复练习。

5. 第二十一式　弓步开扇

（1）上步托掌。两脚蹬地，身体立起，身体左转，重心移至左脚，右脚向前上步，脚跟着地；同时，两手向上向后摆臂；接上势，上体继续右转，重心移至右脚，右脚尖外展，左脚向前上步，脚跟着地；同时，两手继续由后向下经体侧向前、向上摆臂，右手握扇摆至右额前上方，扇顶向前，左掌摆至左肩前，与肩同高，掌心向上。目视左掌方向。

上步托掌

弓步开扇

（2）弓步后摆。身体向右转 180°，左脚尖内扣，右脚尖外展，右腿顺势屈膝，左腿自然伸直，脚跟提起；同时，两手向上、向下经体右侧向斜后方摆起，右掌稍高于肩，扇顶斜向上，左掌立掌置于右肩前。目视扇顶方向。

弓步后摆

（3）转身云扇。身体向左转 180°，两腿微屈；同时，右手握扇屈肘在头上方云扇，外旋下落至左胯旁，掌心向上，扇顶斜向后，左手向前摆臂、屈肘向下合于右腕处，掌心向下。目视前下方。

转身云扇

（4）弓步开扇。上体微左转，重心前移，右腿自然伸直成弓步，脚跟提起；同时由下向前后摆至与肩同高，目视左手方向；右手向内抖腕开扇，扇顶向上，左手立掌向上、向前、向下摆至右前臂内侧，目视扇顶方向。

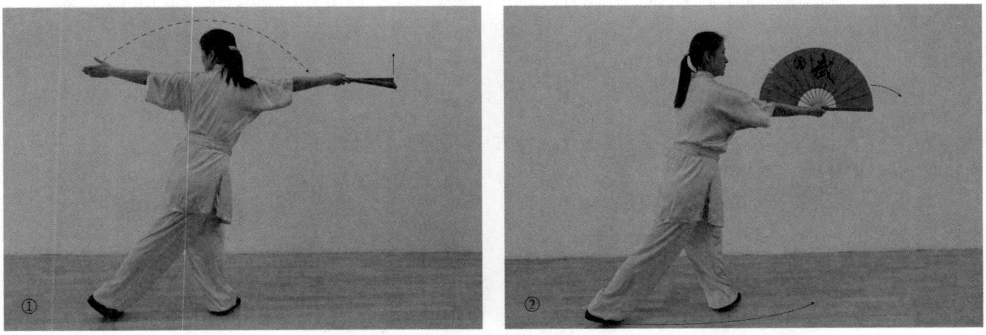

弓步开扇

【注意事项】上步与托掌要协调一致；手在头上方随转体云扇，手臂微屈，以腕关节为轴；转头开扇要动作一致。

【练习步骤】采用分动作慢速练习，然后逐渐过渡到常速练习。

【易犯错误】上步与托掌动作不统一；转身后摆，腰未拧转；云扇动作僵硬，与转体动作不协调。

6. 第二十二式　穿梭抹架

（1）跟步抹扇。上体微右转，重心移至左脚，右脚向右前方上步，脚跟着地；右手持扇微内旋向右平抹扇，目视右前方。

（2）接上势，上体继续微右转，重心移至右脚，右脚踏实，左脚收至右脚内侧，脚前掌着地；两手继续向右平抹。目视右前方。

穿梭抹架

跟步抹扇

（3）弓步架扇。上体微右转，重心移至左脚，右脚向右前方上步，脚跟着地；右手握扇内旋向上划弧至面前，掌心向外，左手屈肘收至左胯前，掌心斜向下。目视右前方。

（4）接上势，上体微右转，重心前移，右脚踏实成右弓步，左腿自然伸直；同时，右手上架，扇面斜向上，左掌向前推出。目视左掌方向。

弓步架扇

【注意事项】平抹扇与转腰、上步动作要协调一致；步法移动须明确重心虚实变化。

【练习步骤】采用分解教学，先学习步法动作，然后学习上肢动作，最后进行完整连贯由慢速到常速的练习。

【容易发生的错误】步法变化与上肢动作不统一；推掌与架扇未能做到协调一致。

7. 第二十三式　提膝架扇

（1）收脚合抱。上体微左转，重心移至右脚，左脚收至右脚内侧，脚前掌点地；同时右手持扇外旋，向下划弧至胸前，扇面向下，左手外旋收至腹前与右手合抱于体前。目视扇顶方向。

收脚合抱

提膝架扇

（2）跟步平抹。上体左转 90°，左脚上步，重心前移，右脚收至左脚后，脚跟提起；同时，右手握扇落至左前臂内侧，扇面向下，左手外旋随体转向左平抹，掌心向上。目视左手方向。

跟步平抹

(3) 弓步抹扇。上体微右转，右脚踏实，重心右移，左脚向左前方上步，脚跟着地；同时，右手持扇手臂外旋向上、向右划弧至右后 45°，与肩同高，扇面向上，左手内旋向上、向右、向下、向前划弧至胸前，掌心向外。目视扇顶方向。

接上势，上体微左转，重心前移，左腿屈膝，右腿自然伸直成左弓步；右手握扇向前平抹关扇，左手向左上方架掌，掌心斜向上。目视扇顶方向。

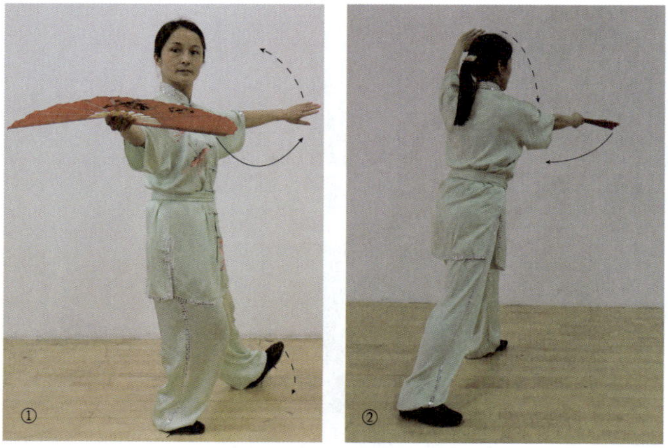

弓步抹扇

(4) 提膝架扇。上体微左转，右脚跟微后敛；同时，右手握扇外旋向左下方斜劈至左腿外侧，扇顶斜向下，左掌屈肘收至右耳侧，掌心向外。目视扇顶方向。

上体微右转，左腿自然直立，右腿屈膝提起成左独立步；同时，右手握扇内旋向右上方架起，扇顶向前下方，左掌向左下方按至左胯前。目视前方。

提膝架扇

【注意事项】平抹扇与转腰、上步动作要协调一致；独立平衡时，支撑脚五趾抓地，保持平衡。

【练习步骤】本势可采用分动作教学，在前势的基础上，重点强调动作的方向位置和独立平衡要求，待每个动作熟练后，进行完整连贯练习。

【易犯错误】平衡动作不稳定。

四、第四段

1. 第二十四式　退步戳摆

(1) 虚步推掌。上体微右转，左腿微屈，右脚向后退步，重心后坐成左虚步，左脚跟微微提起；同时，右手握扇外旋下落，经胸前屈肘划弧至右胯前，掌心向上，扇顶斜向前下方，左掌向下经胸前向前推掌，肘微屈，掌指向上。目视前方。

虚步推掌

退步戳摆

(2) 转身后摆。上体右转，右手握扇向右后方摆起，腕同肩高，掌心向上，扇顶向右后方，左掌外旋，掌心向上。目视扇顶方向。

转身后摆

（3）退步戳扇。上体微左转，重心移至右脚，左脚向后退步，重心后移，右脚跟微微提起；同时，右手握扇屈肘收至右耳侧，扇端朝前顺势向前戳扇，左掌屈肘向下收至左胯前。目视扇端方向。

退步戳扇

（4）转身后摆。同动作（2），方向相反。

转身后摆

（5）退步推掌。上体微右转，重心左移，右脚向后退步，重心后移，左脚跟微微提起；同时，右手握扇屈肘向下收至右胯旁，掌心向上，扇顶斜向下，左手屈肘经左耳侧向前推出，掌心向前，掌指向上。目视左掌方向。

【注意事项】转体与展臂、回转卷臂与撤步、后坐与两掌的收推要统一、协调；展臂在腰的领带下进行，先向下、向外、向后再向上弧形展开，不可提肘；撤步时，身体重心保持平稳，不可高低起伏。

【练习步骤】本势可采用分解教与学，先明确步法动作，然后结合上肢动作进行分动作慢速练习，最后过渡到常速完整连贯练习。

退步推掌

【易犯错误】重心上下起伏；展臂时提肘夹腋；向后撤步动作不连贯，与手臂动作不统一。

2. 第二十五式 打虎开扇

（1）撤步摆臂。上体微右转，左脚向左后撤步，脚尖点地；同时，右手握扇向右前方摆臂，腕同肩高，扇顶斜向上，左掌向下、向右、向上摆至右前臂内侧，掌心斜向下。目视扇顶方向。

撤步摆臂

打虎开扇

（2）弓步开扇。身体左转 180°，左脚跟踏实，重心左移，左脚尖外展，右脚尖内扣，右腿自然伸直成左弓步；同时，右手握扇向下、向左随体转在胸前平带开扇，左手内旋向下、向左、向上划弧，架至左额前上方，掌心斜向上。目视左前方。

【注意事项】左腿撤步时，步法要轻灵，上体保持正直；手臂弧形摆动要圆转自如，以腰为轴。

弓步开扇

【练习步骤】本势可采用完整连贯教与学，先慢速练习逐渐过渡到常速练习。

【易犯错误】撤步转身不轻灵，四肢与腰的转动不协调。

3. 第二十六式　仆步下势

（1）并步关扇。上体微左转，重心移至左脚，右脚收至左脚内侧，脚跟微微提起；同时，右手于胸前抖腕关扇，左掌顺势落在左前方，高于肩平，掌心向下。目视左手方向。

并步关扇

仆步下势

（2）仆步下势。上体微右转，右脚踏实，屈膝下蹲，左脚向左伸出；同时，两手向左、向上、向右划弧摆至右前方，右手稍高于肩，扇顶向右前方，左手置于右肩前，掌心斜向下。目视扇顶方向。

（3）接上势，上体左转，右腿全蹲，左腿自然伸直成仆步；同时，两手外旋向下、向左转摆划弧，经腹前沿左腿内侧向左穿出，右手心向内，扇顶向左，左掌心向外。目视左手方向。

仆步下势

【注意事项】仆步时保持立腰，虚灵顶劲、上体正直；两手弧线运行要圆活自如；右腿屈蹲，膝关节与脚尖方向保持一致。

【练习步骤】本势可采用分动作慢速教与学，待动作路线方法清楚后，逐渐强调动作的幅度和连贯自然，最后进行完整练习。

【易犯错误】仆步时，上体过于前倾；手臂运行路线不圆活。

4. 第二十七式　上步穿扇

（1）弓步挑掌。上体微左转，左腿屈膝，右腿蹬地，身体立起，右脚尖内扣，右腿自然伸直成左弓步；同时右手握扇为向后轻轻按于右胯旁，扇顶向前，左掌向前、向上挑出，腕与肩同高，指尖斜向上。目视左掌方向。

弓步挑掌

上步穿扇

（2）虚步前撑。重心移至左脚，右脚向前上步，脚尖点地成右虚步；同时左掌外旋屈肘变拳，收至面前，拳心向内，右手握扇内旋经右胯旁向前上穿出，与左拳交叉外撑，拳背相对，扇顶斜向上。目视前方。

虚步前撑

【注意事项】弓步与上肢动作要协调一致，动作缓慢、松活、自然；弓步变虚步，重心保持平稳。

【练习步骤】本势可采用连贯常速完整教学，强调动作连贯自然。

【易犯错误】步法变化时，重心起伏过大。

5. 第二十八式　震脚托按

（1）屈蹲按掌。上体微右转，左腿向下屈蹲，重心向下松沉；同时左手变掌，右手握扇，两手向两侧弧形下按。目视正前方。

震脚托按

屈蹲按掌

（2）落踏按掌。上体微左转，左脚蹬地向上起跳，右脚提膝跳起；同时，两手外旋划弧经腹前上举至肩上方，右手在前，左手在后。接上势，两脚落步震脚，同时两手内旋随落步向下按掌。目视前下方。

落踏按掌

【注意事项】起跳动作不宜过高，左膝先微微屈膝向下松沉；震脚和按掌动作一致，集一身之整劲。

【练习步骤】本势可采用连贯完整教学，练习中先学动作路线和方法，然后强调起跳和震脚的动作要领。

【易犯错误】起跳时，动作僵硬；震脚劲力松散；整个动作，没有做到柔起刚落。

6. 第二十九式　蹬脚崩扇

重心移至左脚，左膝微屈，右脚提膝向前发力蹬脚；同时，两手外旋屈肘交叉于面前，右手在外，掌心均向内；随蹬脚，右手握扇向前发力崩扇，扇顶向上，左掌内旋架至左额前上方，掌心斜向上，目视前方。

蹬脚崩扇

蹬脚崩扇

【注意事项】要求先提膝后蹬脚，与上肢架推动作要协调一致；上体保持直立平衡。

【练习步骤】本势可采用连贯完整练习。

【易犯错误】蹬脚时，上身后仰。

7. 第三十式　腾插架扇

（1）弓步前穿。上体微右转，右脚落步，脚尖微外展，重心前移，左腿伸直成右弓步；右手握扇顺势前穿，扇顶向前，左手提至左额前上方。目视扇顶方向。

腾插架扇

弓步前穿

（2）腾插架推。上体右转 90°，右脚蹬地，左脚腾空上步，左腿弯曲，右脚经左脚后插步，脚跟提起；同时，右手握扇内旋屈肘向上架于右额前上方，掌心向外，左掌向左侧推掌，腕同肩高。目视左手方向。

腾插架推

【注意事项】腾插架推动作要一气呵成，腰部要拧转。

【练习步骤】本势可采用分解教学，先学练步法动作，然后结合上肢动作进行慢速到常速练习。

【易犯错误】上、下肢动作不协调，腰部不能顺势拧转。

8. 第三十一式　马步开扇

（1）擦步合臂。身体右转180°，重心顺势移至左脚，左腿弯曲，右脚向右擦步；同时两手外旋，右手握扇向外、向下、向左至左胯前，手心斜向上，扇顶斜向左下方，左手向右前方划弧至胸前，肘微屈，两手成抱球状。目视右前下方。

擦步合臂

马步开扇

（2）马步立扇。上体微右转，重心右移，右腿屈膝成马步；同时右手握扇内旋向右、向上划弧至右前方，扇顶向上，左手外旋收至腹前，掌心向上。目视右前方。

马步立扇

（3）下捋掤举。上体微左转，重心后坐；同时右手握扇外旋下捋至腹前。接上势，上体微右转，重心右移，左腿自然伸直成右弓步；右手握扇内旋，左掌搭在右腕处向前上方掤出，右手手心向外。目视右前方。

下捋掤举

（4）掤刁开扇。上体向右拧转，左腿弯曲；同时，右手握扇微外旋，两手向右下划弧，右手置于体右后方，与腰同高，左手置于右胯前，手心向下；接上势，上体左转，重心微后坐成马步；同时随体转，右手握扇外旋向左向上托抖腕开扇，扇顶向上，左掌向左上方发力掤刁，掌心向内。目视右手方向。

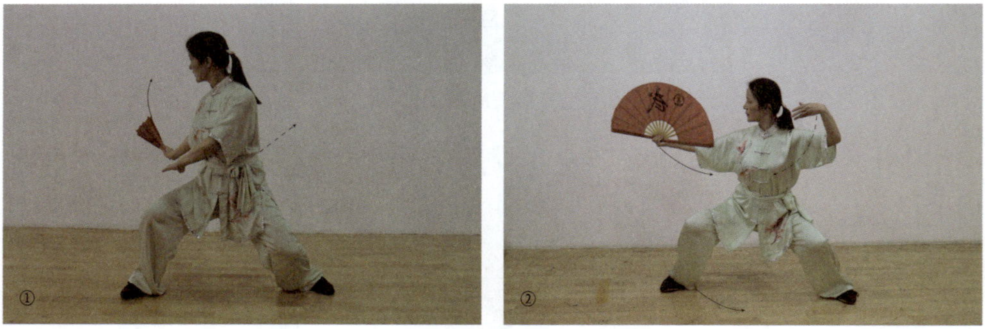

掤刁开扇

【注意事项】以腰为轴带动手臂运转，利用弹抖劲带动手腕开扇，周身劲力完整，不松散。

【练习步骤】采用慢速分动作练习，逐渐过渡到常速完整练习，逐渐强调劲力方法的完整。

【易犯错误】上身不中正，腰部与手臂动作不协调，周身劲力发放不完整。

9. 第三十二式　云扇金刚捣捶

（1）虚步合手。上体微左转，重心移至左脚，右脚向前上步，脚尖点地成右虚步；同时两臂屈肘合于腹前，左掌托于右手下，扇面向外，扇顶向上，目视前方。

（2）虚步双分。接上势，两臂内旋经腹前向下摆至体两侧，左手置于左胯旁，掌心朝后；右手置于右胯旁，扇面向前，扇顶朝下，目视前方。

云扇金刚捣捶

虚步合手

虚步双分

（3）云扇提膝。左腿自然直立，右腿屈膝提起成左独立步；同时，右手握扇内旋向左、向上摆至头上方，屈肘逆时针云扇，扇面向下，扇顶向前，左手屈肘向右、向上摆至右腕处，掌心斜向上。目视前上方。

云扇提膝

（4）震脚下砸。右脚向右侧落步震脚，两腿屈膝，重心移至两腿之间；同时，两手外旋向下落合于腹前，左掌外旋，掌心向上，右手握扇，落脚同时砸拳，置于左掌上方，扇顶向上，扇面向前。目视前方。

【注意事项】提膝云扇，以腕关节带动手臂运转，肘关节微屈；震脚下砸，身体要松沉、中正，要圆裆实腹，周身一气。

【练习步骤】采用分解教学，先学习云扇砸拳动作，然后学习提膝震脚动作，最后进行完整连贯练习。

【易犯错误】云扇用手臂带动，未在头上方完成；提膝时，动作不稳；震脚和砸拳动作不统一，劲力松散。

震脚下砸

10. 收势

（1）直立合扇。两腿自然伸直；左手内旋沿右腕上向左顺势合扇，右手内旋，两手向前平伸，腕同肩高，掌心向下，扇顶朝前，目视前方。

(2) 并步还原。接上势，上体保持正直，重心右移，两臂屈肘下按至两胯旁；左脚收至右脚旁，两脚并拢，重心移至两腿间，两手自然垂于身体两侧。目平视前方。

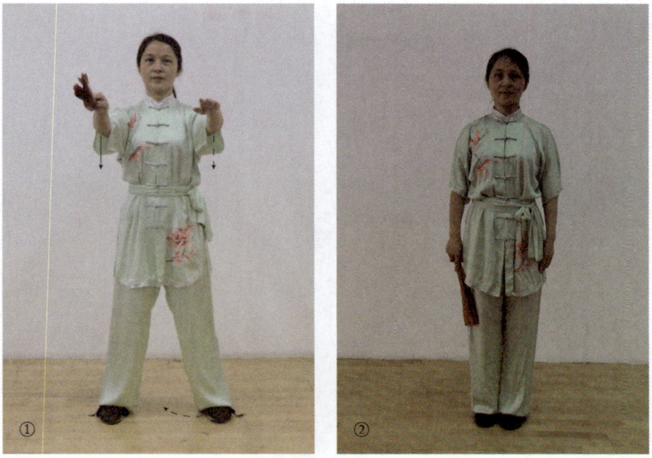

收势

直立合扇

【注意事项】垂臂落掌要先微微屈肘内收，使两手划弧形下落于体侧，将身、息、心调节到自然常规状态。

第三章

太极扇运动前的准备与运动后的整理

运动前的准备

练习太极扇之前，必须要做好充分的准备，才能有效地避免运动损伤的发生，保证运动效果。前期准备主要体现在以下几个方面。

1. 选择好的场地

练习太极扇时，可在室内或室外进行。场地要求平整，最好富有弹性，无任何障碍物。避开污染源，保证空气流通。

2. 选择好的服装

习练者选择运动服装须宽松、合体，注意服装的透气性和吸湿性，避免穿过紧的服装。运动鞋可选择平底运动鞋或武术鞋，便于关节灵活运动。

3. 选择好的器材

太极扇的质地材料有硬纸、竹编、竹框或塑框布面等多种，建议初学者选择竹制或塑框布面的扇子，注意扇骨要光滑，开合松紧有度，大小扇骨要有一定厚度，不易折断。

4. 做好准备活动

太极扇练习前做好充分的热身运动是避免损伤和顺利而有效完成太极扇动作的必要条件。通过热身运动，心血管功能逐渐调动到运动状态，提供运动系统的血液供应，同时通过肌肉、关节的屈曲和拉伸练习，保证关节的运动幅度，从而防止肌肉、韧带和关节的损伤发生。一般准备活动时间在 5 ~ 10 分钟，常采用由上至下的关节练习和步型、步法及柔韧练习。

运动后调整

太极扇练习过程中，人体处在缓慢而高度协调的运动状态中，因而要求有较强的姿势控制能力、呼吸配合和心意专注能力，特别对于初学者运动后容易产生下肢的酸痛感觉、关节的不适感和身体的疲劳感。所以，积极的恢复对于避免损伤和提升技术水平显得尤为重要。长时间太极扇运动后，一般采用以下几种方式进行调整和恢复。

1. 整理运动

整理运动是较轻松的身体练习，目的是使人体由紧张激烈的肌肉活动状态逐步过渡到安静状态，是加速消除疲劳、促进体力恢复的良好措施。做整理活动时，尽量使肌肉放松，可采用姿势较高，有节奏的伸展运动，改变肌肉以静力性为主的活动方式，促进下肢血液的回流，减少疲劳的感觉。

2. 拉伸运动

牵伸肌肉可加速肌肉的放松和拮抗肌的缓解、消除痉挛和肌肉僵硬，特别对上肢、躯干和下肢肌肉群进行缓慢有节律地主动拉伸，使太极扇运动过程中的主动肌和被动肌做反向拉伸，改善肌肉、骨骼、关节运动系统的活动状态，促进血液循环，使肌肉得到积极休息，提高恢复的效率。

3. 拍打按摩

运动后拍打按摩，可以促进血液循环，提高新陈代谢，解除局部肌肉紧张，促进疲劳恢复。一般拍打时，掌心微含，由上向下依次拍打，拍打强度适中，节奏可由慢到快；对下肢腓肠肌、股四头肌、股二头肌等主要肌群可进行局部按摩，改善肌肉、韧带、关节周围组织的血液循环，加速体力恢复。

4. 呼吸调整

通过舒缓的深呼吸，调整自主神经的平衡，提高吸氧量，降低心率和呼吸频率，逐渐使心肺功能恢复到安静时状态。一般呼吸形式采用高姿势状态的引气调息、引气归元或意守丹田。

5. 心理放松

音乐伴奏中动作想象，使大脑运动神经中枢处在一个适度兴奋的状态，调节脑神经抑制和兴奋的转化和平衡，逐渐缓解肌肉的兴奋状态，改善脑神经的活动，舒缓肌体的压力，调整呼吸，将意识逐渐调整到自然平和的状态，以达到快速缓解疲劳的作用。通常的心理放松，除结合想象放松法外，还包括意守法、冥想法、观想法和三线放松法等。